My Bilingual Picture Book

我的双语图画书

Sefa's most beautiful children's stories in one volume

Ulrich Renz • Barbara Brinkmann:

Sleep Tight, Little Wolf · 好梦，小狼仔
Hǎo mèng, xiǎo láng zǎi

For ages 2 and up

Cornelia Haas • Ulrich Renz:

My Most Beautiful Dream · 我最美的梦乡

For ages 2 and up

Ulrich Renz • Marc Robitzky:

The Wild Swans · 野天鹅
Yě tiān'é

Based on a fairy tale by Hans Christian Andersen

For ages 5 and up

© 2024 by Sefa Verlag Kirsten Bödeker, Lübeck, Germany. www.sefa-verlag.de

Special thanks to Paul Bödeker, Freiburg, Germany

All rights reserved.

ISBN: 9783756304271

Translation:

Pete Savill (English)

Li Wu (Chinese)

Audiobook and video:

www.sefa-bilingual.com/bonus

Password for free access:

English: **LWEN1423**

Chinese: **LWZH3517**

Sleep Tight, Little Wolf

好梦，小狼仔
Hǎo mèng, xiǎo láng zǎi

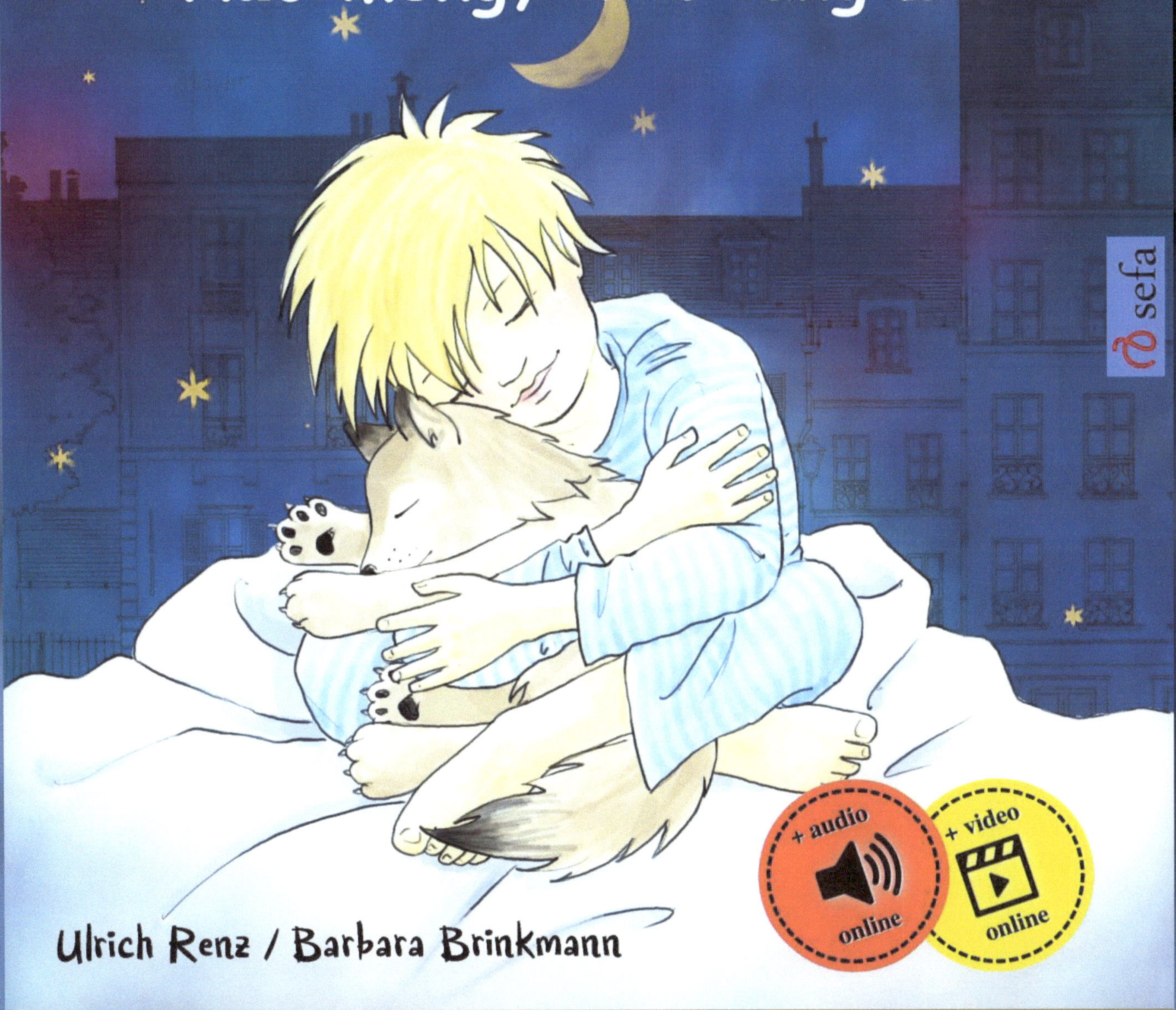

Ulrich Renz / Barbara Brinkmann

English   bilingual   Chinese

Good night, Tim! We'll continue searching tomorrow. Now sleep tight!

晚安，提姆！我们 明天 再接着 找。现在 先 睡觉 吧！
Wǎn'ān, Tímǔ! Wǒmen míngtiān zài jiēzhe zhǎo. Xiànzài xiān shuìjiào ba!

It is already dark outside.

窗 外 天 已经 黑 了。
Chuāng wài tiān yǐjīng hēi le.

What is Tim doing?

提姆在那儿做什么呢?
Tímǔ zài nàr zuò shénme ne?

He is leaving for the playground.

What is he looking for there?

他出去，去游戏场。
Tā chū qù, qù yóuxì chǎng.

他在那儿找什么呢？
Tā zài nàr zhǎo shénme ne?

The little wolf!

He can't sleep without it.

小 狼 仔！
Xiǎo láng zǎi!

没有 小 狼 仔 他就 无法入睡。
Méiyǒu xiǎo láng zǎi tā jiù wúfǎ rùshuì.

Who's this coming?

谁 来 了?
Shéi lái le?

Marie! She's looking for her ball.

是 玛丽！她在找 她的球。
Shì Mǎlì! Tā zài zhǎo tā de qiú.

And what is Tobi looking for?

托比 在找 什么 呢？
Tuōbǐ zài zhǎo shénme ne?

His digger.

他 的 挖掘机。
Tā de wājuéjī.

And what is Nala looking for?

那么 纳拉 在找 什么 呢？
Nàme Nàlā zài zhǎo shénme ne?

Her doll.

她的 小 娃娃。
Tā de xiǎo wáwa.

Don't the children have to go to bed?

The cat is rather surprised.

小 朋友们　不该去 睡觉 吗？
Xiǎo péngyǒumen bù gāi qù shuìjiào ma?

猫咪 心 里很 纳闷。
Māomi xīn lǐ hěn nàmèn.

Who's coming now?

现在 谁 来 啦？
Xiànzài shéi lái la?

Tim's mum and dad!

They can't sleep without their Tim.

提姆的爸爸和妈妈！没有提姆他们也无法入睡。

More of them are coming! Marie's dad.
Tobi's grandpa. And Nala's mum.

那儿又有人来了!
Nàr yòu yǒurén lái le!

玛丽的爸爸,托比的爷爷,还有纳拉的妈妈也来了。
Mǎlì de bàba, Tuōbǐ de yéyé, háiyǒu Nàlā de māmā yě lái le.

Now hurry to bed everyone!

现在 得 快快 睡觉 去 了！
Xiànzài děi kuàikuai shuìjiào qù le!

Good night, Tim!

Tomorrow we won't have to search any longer.

晚安，提姆！我们 明天 不用 再找 了。
Wǎn'ān, Tímǔ! Wǒ men míngtiān bùyòng zài zhǎo le.

Sleep tight, little wolf!

好梦，小狼仔！
Hǎo mèng, xiǎo láng zǎi!

Cornelia Haas • Ulrich Renz

My Most Beautiful Dream
我最美的梦乡

Translation:

Sefâ Jesse Konuk Agnew (English)

王雁行 (Yanxing Wang) (Chinese)

Audiobook and video:

www.sefa-bilingual.com/bonus

Password for free access:

English: **BDEN1423**

Chinese: **BDZH3517**

My Most Beautiful Dream

我最美的梦乡
Wǒ zuì měi de mèngxiāng

Cornelia Haas · Ulrich Renz

English — bilingual — Chinese

Lulu can't fall asleep. Everyone else is dreaming already – the shark, the elephant, the little mouse, the dragon, the kangaroo, the knight, the monkey, the pilot. And the lion cub. Even the bear has trouble keeping his eyes open ...

Hey bear, will you take me along into your dream?

露露 睡 不 着 觉。她周围 的 一切都 已
Lùlu shuì bù zháo jiào. Tā zhōuwéi de yíqiè dōu yǐ

进入梦乡。 小 鲨鱼, 大象, 小 老鼠,
jìnrù mèngxiāng. Xiǎo shāyú, dàxiàng, xiǎo lǎoshǔ,

龙, 袋鼠, 骑士, 小猴, 宇航员, 还有
lóng, dàishǔ, qíshì, xiǎohóu, yǔhángyuán, háiyǒu

小 狮子。就 是 小熊 也 是 两 眼皮 直
xiǎo shīzi. Jìu shì xiǎoxióng yě shì liǎng yǎnpí zhí

打架, 快 撑 不 住 了…
dǎjià, kuài chēng bú zhù le...

小熊, 带 我 一起去你的 梦乡, 好吗？
Xiǎoxióng, dài wǒ yíqǐ qù nǐ de mèngxiāng, hǎoma?

And with that, Lulu finds herself in bear dreamland. The bear catches fish in Lake Tagayumi. And Lulu wonders, who could be living up there in the trees? When the dream is over, Lulu wants to go on another adventure. Come along, let's visit the shark! What could he be dreaming?

话音未落,露露就到了小熊的梦乡。小熊在塔嘎禹迷湖里钓鱼。

露露寻思着,这树上住的究竟是谁?从小熊的梦乡里出来,露露还没玩够。来,我们一起去找小鲨鱼,看看它的梦乡里有什么。

The shark plays tag with the fish. Finally he's got some friends! Nobody's afraid of his sharp teeth.

When the dream is over, Lulu wants to go on another adventure. Come along, let's visit the elephant! What could he be dreaming?

小鲨鱼在和其他小鱼玩抓人游戏。小鲨鱼终于也有朋友了。

Xiǎo shāyú zài hé qítā xiǎoyú wán zhuārén yóuxì. Xiǎo shāyú zhōngyú yě yǒu péngyou le.

没人害怕它的尖牙了。从小鲨鱼的梦乡里出来,露露还没玩够。

Méi rén hàipà tā de jiānyá le. Cóng xiǎo shāyú de mèngxiāng lǐ chūlái, Lùlu hái méi wán gòu.

来,我们一起去找大象,看看它的梦乡里有什么。

Lái, wǒmen yìqǐ qù zhǎo dàxiàng, kànkàn tā de mèngxiāng lǐ yǒu shénme.

The elephant is as light as a feather and can fly! He's about to land on the celestial meadow.

When the dream is over, Lulu wants to go on another adventure. Come along, let's visit the little mouse! What could she be dreaming?

大象 竟然 轻 如羽毛，它还 能 飞！不久，大家 都 在 天空 草坪
Dàxiàng jìngrán qīng rú yǔmáo, tā hái néng fēi! Bùjiǔ, dàjiā dōu zài tiānkōng cǎopíng

上 登陆 了。从 大象 的梦乡 里出来，露露还 没 玩 够。
shàng dēngluò le. Cóng dàxiàng de mèngxiāng lǐ chūlái, Lùlu hái méi wán gòu.

来，我们 一起去找 小 老鼠，看看 它的梦乡 里有 什么。
Lái, wǒmen yìqǐ qù zhǎo xiǎo lǎoshǔ, kànkàn tā de mèngxiāng lǐ yǒu shénme.

The little mouse watches the fair. She likes the roller coaster best.
When the dream is over, Lulu wants to go on another adventure. Come along, let's visit the dragon! What could she be dreaming?

小老鼠 在 游乐场 里玩。它最 喜欢 的是 过山车。
Xiǎoláoshǔ zài yóulèchǎng lǐ wán. Tā zuì xǐhuān de shì guòshānchē.

从 小 老鼠 的 梦乡 里出来，露露还 没 玩 够。
Cóng xiǎo lǎoshǔ de mèngxiāng lǐ chūlái, Lùlu hái méi wán gòu.

来，我们 一起去找 龙，看看 它的梦乡 里有 什么。
Lái, wǒmen yìqǐ qù zhǎo lóng, kànkàn tā de mèngxiāng lǐ yǒu shénme.

The dragon is thirsty from spitting fire. She'd like to drink up the whole lemonade lake.

When the dream is over, Lulu wants to go on another adventure. Come along, let's visit the kangaroo! What could she be dreaming?

龙 喷火 喷 得 口渴了。它 真 想 一口气把 汽水湖 喝 干。
Lóng pēnhuǒ pēn de kǒukě le. Tā zhēn xiǎng yīkǒuqì bǎ qìshuǐhú hē gān.

从 龙 的梦乡 里出来，露露还 没 玩 够。
Cóng lóng de mèngxiāng lǐ chūlái, Lùlu hái méi wán gòu.

来，我们 一起去找 袋鼠，看看 它的梦乡 里有 什么。
Lái, wǒmen yìqǐ qù zhǎo dàishǔ, kànkàn tā de mèngxiāng lǐ yǒu shénme.

The kangaroo jumps around the candy factory and fills her pouch. Even more of the blue sweets! And more lollipops! And chocolate!
When the dream is over, Lulu wants to go on another adventure. Come along, let's visit the knight! What could he be dreaming?

袋鼠在糖果厂里蹦达，它把胸前的袋子塞得满满的。再多拿点蓝颜色的糖！还有棒棒糖！还有巧克力！从袋鼠的梦乡里出来，露露还没玩够。来，我们一起去找骑士，看看他的梦乡里有什么。

The knight is having a cake fight with his dream princess. Oops! The whipped cream cake has gone the wrong way!
When the dream is over, Lulu wants to go on another adventure. Come along, let's visit the monkey! What could he be dreaming?

骑士正和他心目中的美丽公主互相扔蛋糕玩。
Qíshì zhèng hé tā xīnmù zhōng de měilì gōngzhǔ hùxiāng rēn dàngāo wán.

哎呀，奶油蛋糕扔偏了。从骑士的梦乡里出来，露露还没玩够。
Āiyā, nǎiyóu dàngāo rēng piān le. Cóng qíshì de mèngxiāng lǐ chūlái, Lùlu hái méi wán gòu.

来，我们一起去找小猴子，看看它的梦乡里有什么。
Lái, wǒmen yìqǐ qù zhǎo xiǎohóuzi, kànkàn tā de mèngxiāng lǐ yǒu shénme.

Snow has finally fallen in Monkeyland. The whole barrel of monkeys is beside itself and getting up to monkey business.

When the dream is over, Lulu wants to go on another adventure. Come along, let's visit the pilot! In which dream could he have landed?

猴乡 终于 也下雪 了。猴子 们 乐开了花。个个 开始 猴闹。
Hóuxiāng zhōngyú yě xiàxuě le. Hóuzi men lè kāi le huā. Gège kāishǐ hóunào.

从 猴子 的梦乡 里出来，露露还没 玩 够。
Cóng hóuzi de mèngxiāng lǐ chūlái, Lùlu hái méi wán gòu.

来，我们 一起去找 宇航员， 看看 他的梦乡 里有 什么。
Lái, wǒmen yìqǐ qù zhǎo yǔhángyuán, kànkàn tā de mèngxiāng lǐ yǒu shénme.

The pilot flies on and on. To the ends of the earth, and even farther, right on up to the stars. No other pilot has ever managed that.
When the dream is over, everybody is very tired and doesn't feel like going on many adventures anymore. But they'd still like to visit the lion cub. What could she be dreaming?

宇航员飞呀飞,飞到了世界的尽头。还继续往前,飞到了星星上。以前可还没人能飞得那么远呢。从宇航员的梦乡里出来,大家都累了,不想再玩了。但是还有小狮子呢。它的梦乡里又有什么呢?

The lion cub is homesick and wants to go back to the warm, cozy bed.
And so do the others.

And thus begins ...

小 狮子想家 了。它想 回到 它热呼呼的被窝 里。
Xiǎo shīzi xiǎngjiā le. Tā xiǎng huídào tā rèhūhū de bèiwō lǐ.

大家 也 都 开始 想家 了。
Dàjiā yě dōu kāishǐ xiǎngjiā le.

于是。。。
Yúshì ...

... Lulu's
most beautiful dream.

。。。露露

... Lùlu

走进 了她最 美丽 的梦乡。

zǒujìn le tā zuì měilì de mèngxiāng.

Ulrich Renz • Marc Robitzky

The Wild Swans

野天鹅

Yě tiān'é

Translation:

Ludwig Blohm, Pete Savill (English)

Isabel Zhang (Chinese)

Audiobook and video:

www.sefa-bilingual.com/bonus

Password for free access:

English: **WSEN1423**

Chinese: **WSZH3517**

Ulrich Renz · Marc Robitzky

The Wild Swans

野天鹅 · Yě tiān'é

Based on a fairy tale by

Hans Christian Andersen

English — bilingual — Chinese

Once upon a time there were twelve royal children – eleven brothers and one older sister, Elisa. They lived happily in a beautiful castle.

很久 很久 以前、有 十二个 国王 的孩子 — 十一个 兄弟 和
Hěnjiǔ hěnjiǔ yǐqián, yǒu shíèrgè guówáng de háizǐ — shíyīgè xiōngdì hé

一个姐姐, 爱丽萨。他们 幸福 地 生活 在 一座 美丽的 宫殿 里。
yīgè jiějiě, Àilìsà. Tāmén xìngfú de shēnghuó zài yīzuò měilì de gōngdiàn lǐ.

One day the mother died, and some time later the king married again. The new wife, however, was an evil witch. She turned the eleven princes into swans and sent them far away to a distant land beyond the large forest.

有一天,母亲去世了。不久后,国王又结婚了。新王后是一个恶毒的巫婆。她用魔法把十一个王子变成了天鹅,然后把他们送到了大森林那边一个遥远的国家。

She dressed the girl in rags and smeared an ointment onto her face that turned her so ugly, that even her own father no longer recognized her and chased her out of the castle. Elisa ran into the dark forest.

她给女孩穿上了破烂的衣服,脸上
Tā gěi nǚhái chuān shàng le pòlàn de yīfú, liǎnshàng

抹着丑陋的药膏,以至于女孩的父亲
mǒzhe chǒulòu de yàogāo, yǐ zhìyú nǚhái de fùqīn

没有认出她而把她赶出了宫殿。
méiyǒu rènchū tā ér bǎ tā gǎn chū le gōngdiàn.

爱丽萨跑进了黑暗的森林里。
Àilìsà pǎojìn le hēi'àn de sēnlín lǐ.

Now she was all alone, and longed for her missing brothers from the depths of her soul. As the evening came, she made herself a bed of moss under the trees.

现在 她独自一人，心灵 深处
Xiànzài tā dúzì yīrén, xīn líng shēnchù

十分 想念 失踪 的兄弟们。
shífēn xiǎngniàn shīzōng de xiōngdìmén.

天 黑了，她在 树下 铺了
Tiān hēi le, tā zài shùxià pū le

一张 青苔 床。
yīzhāng qīngtái chuáng.

The next morning she came to a calm lake and was shocked when she saw her reflection in it. But once she had washed, she was the most beautiful princess under the sun.

第二天 清晨， 她来到 一个安静 的湖边。
Dì'èr tiān qīngchén, tā láidào yīgè ānjìng de húbiān.

当 她看见 水中 自己的 倒影 时，
Dāng tā kànjiàn shuǐzhōng zìjǐ de dǎoyǐng shí,

她很 吃惊。不过, 当 她洗浴之后,
tā hěn chījīng. Bùguò, dāng tā xǐyù zhīhòu,

她又 是 天下 最美丽 的 公主 了。
tā yòu shì tiānxià zuì měilì de gōngzhǔ le.

After many days Elisa reached the great sea. Eleven swan feathers were bobbing on the waves.

许多天 之后，爱丽萨来到了
Xǔduō tiān zhīhòu, Àilìsà láidào le

大海边。波浪 上 漂荡 着
dàhǎi biān. Bōlàng shàng piāodàng zhe

十一片 天鹅 的 羽毛。
shíyī piàn tiān'é de yǔmáo.

As the sun set, there was a swooshing noise in the air and eleven wild swans landed on the water. Elisa immediately recognized her enchanted brothers. They spoke swan language and because of this she could not understand them.

当 太阳 下 山 时,空中 传来 一片 噪声, 十一只 野天鹅
Dāng tàiyáng xià shān shí, kōngzhōng chuánlái yīpiàn zàoshēng, shíyīzhī yě tiān'é

降落 在海面 上。爱丽萨马上 认出 了被施 了魔法 的 兄弟们。
jiàngluò zài hǎimiàn shàng. Àilìsà mǎshàng rènchū le bèi shī le mófǎ de xiōngdìmen.

不过,因为 他们 说着 天鹅 的 语言,她无法听懂。
Búguò, yīnwéi tāmen shuōzhe tiān'é de yǔyán, tā wúfǎ tīngdǒng.

During the day the swans flew away, and at night the siblings snuggled up together in a cave.

One night Elisa had a strange dream: Her mother told her how she could release her brothers from the spell. She should knit shirts from stinging nettles and throw one over each of the swans. Until then, however, she was not allowed to speak a word, or else her brothers would die.

Elisa set to work immediately. Although her hands were burning as if they were on fire, she carried on knitting tirelessly.

白天，天鹅飞走了，晚上　他们　就相拥　在 一个 山洞　里。
Báitiān, tiān'é fēizǒu le, wǎnshàng tāmén jiù xiāngyōng zài yīgè shāndòng lǐ.

一天 夜晚, 爱丽萨做了一个奇怪的梦： 她母亲 告诉 她,
Yītiān yèwǎn, Àilìsà zuò le yīgè qíguài de mèng：tā mǔqīn gàosù tā,

怎样　才能　搭救她的兄弟们。爱丽萨要 用　荨麻　给 每只
zěnyàng cái néng dājiù tā de xiōngdìmen. Àilìsà yào yòng qiánmá gěi měizhī

天鹅 织一件 小　衬衫，　然后　披在他们 的身上。　但是,
tiān'é zhī yījiàn xiǎo chènshān, ránhòu pīzài tāmén de shēnshàng. Dànshì,

直到　那时, 她不许说　一句话, 否则 她的 兄弟们　就 会死去。
zhí dào nàshí, tā bùxǔ shuō yíjù huà, fǒuzé tā de xiōngdìmén jiù huì sǐqù.

爱丽萨马上　开始 了工作。　虽然 她的 手　像　火燎　一样,
Àilìsà mǎshàng kāishǐ le gōngzuò. Suīrán tā de shǒu xiàng huǒliáo yīyàng,

她还是 不知 疲倦 地 编织。
tā háishì bùzhī píjuàn de biānzhī.

One day hunting horns sounded in the distance. A prince came riding along with his entourage and he soon stood in front of her. As they looked into each other's eyes, they fell in love.

有 一天，远处 响起 打猎的 号角。
Yǒu yītiān, yuǎnchǔ xiǎngqǐ dǎliè de hàojiǎo.

一个王子 和他的 侍从 骑马 过来，
Yīgè wángzǐ hé tā de shìcóng qímǎ guòlái,

不一会儿便 站 在了她的 面前。
bù yīhuìér biàn zhàn zài le tā de miànqián.

当 两个 人看 着 对方 的 眼睛 时，
Dāng liǎnggè rén kàn zhe duìfāng de yǎnjīng shí,

他们 彼此相爱 了。
tāmén bǐcǐ xiāngài le.

The prince lifted Elisa onto his horse and rode to his castle with her.

王子 把 爱丽萨 托上 马,
Wángzǐ bǎ Àilìsà tuōshàng mǎ,

和她 一起 骑回了他的王宫。
hé tā yīqǐ qíhuí le tā de wánggōng.

The mighty treasurer was anything but pleased with the arrival of the silent beauty. His own daughter was meant to become the prince's bride.

这个 沉默 美人 的 到来 让 强势
Zhège chénmò měirén de dàolái rang qiángshì

的 司库 很 不 愉快。他自己 的 女儿 才
de sīkù hěn bù yúkuài. Tā zìjǐ de nǚér cái

应该 成为 王子 的 新娘。
yīnggāi chéngwéi wángzǐ de xīnniáng.

Elisa had not forgotten her brothers. Every evening she continued working on the shirts. One night she went out to the cemetery to gather fresh nettles. While doing so she was secretly watched by the treasurer.

爱丽萨没有 忘记 她的 兄弟们。
Àilìsà méiyǒu wàngjì tā de xiōngdìmen.

每天 晚上 她继续编织 小 衬衫。
Měitiān wǎnshàng tā jìxù biānzhī xiǎo chènshān.

一天夜晚，她到 墓地去 采集新鲜 的 荨麻。
Yītiān yèwǎn, tā dào mùdì qù cǎijí xīnxiān de qiánmá.

此时司库 偷偷 地观察 着 她。
Cǐshí sīkù tōutōu de guānchá zhe tā.

As soon as the prince was away on a hunting trip, the treasurer had Elisa thrown into the dungeon. He claimed that she was a witch who met with other witches at night.

王子刚刚出去打猎,司库就把爱丽萨扔进了地牢。

他声称,她是一个巫婆,在夜晚和其他的巫婆会面。

At dawn, Elisa was fetched by the guards. She was going to be burned to death at the marketplace.

天刚蒙蒙亮,卫兵就把
Tiān gāng mēngmēng liàng, wèibīng jiù bǎ

爱丽萨带了出来,他们要在市政
Àilìsà dài le chūlái, tāmen yào zài shìzhèng

广场 烧死 她。
guǎngchǎng shāosǐ tā.

No sooner had she arrived there, when suddenly eleven white swans came flying towards her. Elisa quickly threw a shirt over each of them. Shortly thereafter all her brothers stood before her in human form. Only the smallest, whose shirt had not been quite finished, still had a wing in place of one arm.

她还没有到达那儿,突然飞来十一只白天鹅。爱丽萨迅速将荨麻衬衫抛到每个天鹅的身上。很快她的兄弟们都现出了人形,站在她面前。只有最小的还有一只翅膀,因为他的衬衫还没有完全织好。

The siblings' joyous hugging and kissing hadn't yet finished as the prince returned. At last Elisa could explain everything to him. The prince had the evil treasurer thrown into the dungeon. And after that the wedding was celebrated for seven days.

And they all lived happily ever after.

当 王子 回来 时,兄弟 姐妹们 还没 亲热够呢。爱丽萨
Dāng wángzǐ huílái shí, xiōngdì jiěmèimen hái méi qīnrè gòu ne. Àilìsà

终于 向 他解释了一切。王子 把恶毒 的司库 投进了地牢。
zhōngyú xiàng tā jiěshì le yíqiē. Wángzǐ bǎ èdú de sīkù tóujìn le dìláo.

随后 庆祝 了七天 的 婚礼。
Suíhòu qìngzhù le qī tiān de hūnlǐ.

从此 以后,他们 过着 幸福 快乐 的 日子。
Cóngcǐ yǐhòu, tāmen guòzhe xìngfú kuàilè de rìzi.

Hans Christian Andersen

Hans Christian Andersen was born in the Danish city of Odense in 1805, and died in 1875 in Copenhagen. He gained world fame with his literary fairy-tales such as „The Little Mermaid", „The Emperor's New Clothes" and „The Ugly Duckling". The tale at hand, „The Wild Swans", was first published in 1838. It has been translated into more than one hundred languages and adapted for a wide range of media including theater, film and musical.

Barbara Brinkmann was born in Munich in 1969 and grew up in the foothills of the Bavarian Alps. She studied architecture in Munich and is currently a research associate in the Department of Architecture at the Technical University of Munich. She also works as a freelance graphic designer, illustrator, and author.

Cornelia Haas has been illustrating childrens' and adolescents' books since 2001. She was born near Augsburg, Germany, in 1972. She studied design at the Münster University of Applied Sciences and is currently a professor on the faculty of Münster University of Applied Sciences teaching illustration.

Marc Robitzky, born in 1973, studied at the Technical School of Art in Hamburg and the Academy of Visual Arts in Frankfurt. He works as a freelance illustrator and communication designer in Aschaffenburg (Germany).

Ulrich Renz was born in Stuttgart, Germany, in 1960. After studying French literature in Paris he graduated from medical school in Lübeck and worked as head of a scientific publishing company. He is now a writer of non-fiction books as well as children's fiction books.

Do you like drawing?

Here are the pictures from the story to color in:

www.sefa-bilingual.com/coloring

www.ingramcontent.com/pod-product-compliance
Lightning Source LLC
LaVergne TN
LVHW070449080526
838202LV00035B/2785